LA VIE DE NICOLAS DE LA BROUSSE COMTE DE VERTEILLAC,

Marêchal des Camps & Armées du Roy, Gouverneur de Mons & de Hainaut, Lieutenant de Roy de Perigord.

E Comte de Verteillac nâquit en 1648. au Château de *St. Martin* en *Perigord*. Son Pére après avoir servi s'étoit retiré dans ses terres pour s'occuper entiérement de l'instruction de sa Famille: Il avoit quatre Garçons & trois Filles, l'aîné * prit l'état Ecclesiastique. Le Comte de *Vertillac* alors devenu aîné se destina au service ainsi que ses deux ca-

* *Il fut Abbé Commendataire de Perouze.*

dets. Le Comte de *Verteillac* leur Pére ſentit que les avantages du bien & de la naiſſance ſont beaucouq moins conſiderables que ceux de l'éducation; la pluſpart des Gentils-Hommes n'aprenoient alors qu'à être Soldats. On inſtruiſoit le jeune *Verteillac* à être vertueux lors même qu'il n'auroit point d'Ennemis à combattre, & on lui inſpira tous les principes d'honneur & de raiſon qui pouvoient l'aider, ou à meriter les faveurs de la fortune, ou à ſçavoir s'en paſſer avec dignité.

Quand le Comte de *Verteillac* crût avoir ſuffiſamment formé le cœur & l'eſprit de ſon Fils, il l'envoya à Paris faire ſes exercices; ſon aplication & ſes ſuccès le diſtinguerent bien tôt des jeunes gens de ſon âge, & decelerent en lui cette envie d'exceller qui annonce les grands talens, & qui l'a caractériſé dans tout le cours de ſa vie.

Au ſortir de l'Academie il entra dans les Gardes Françoiſes; c'étoit alors comme le Noviciat où toute la Nobleſſe de France recevoit ſes premieres inſtructions dans le metier des Armes; à peine y étoit-il, qu'il en fut tiré n'ayant encore que 19. ans, pour être fait Capitaine dans le Régiment

Dauphin à ſa création. Il ſervit cette
année en Flandre à la campagne de 1667.
Lille; il fut l'année ſuivante de l'expe-
dition de la Franche-Comté & on fut *Loüis*
ſi content de ſes ſervices qu'à la refor- *XIV.*
me qui ſe fit à la paix de 1668. il fut *com-*
conſervé Capitaine en pied quoique *men-*
hors de ſon rang. Une pareille excep- *doit*
tion n'eſt pas une injuſtice, c'eſt la re- *l'Ar-*
compence dûë au merite privilegié. *mee.*

Ce fut alors que Mr. de *Vauban* fit 1668.
les Citadelles de *Lille*, de *Tournay*, les *juſ-*
fortifications *d'Ath*, *d'Oudenarde* & de *qu'en*
Charleroy; le Comte de *Verteillac* ac- 1670.
compagna volontairement par tout ce Grand Homme pour s'inſtruire à ſon Ecole: Ses amuſemens pendant la paix étoient un aprentiſſage de la guerre.

Il fut, en 1670., du Camp de *St. Germain*. Le Marâchal de *Crequy* le
commandoit & en partit pour la Con- 1670.
quête de la Lorraine: Il n'y eut que la Ville & le Châteuu *d'Eſpinal* qui firent quelque reſiſtance. Le Comte de *Verteillac* y fut bleſſé.

En 1672. il fut aux ſiéges *d'Orloy*, de *Kimberg*, de Kées, de *Mery*, *d'Oſ-*
bourg, à la reduction *d'Utrect* & au 1672.
Blocus de *Maſtricht*, il fit la guerre preſque tout l'hyver ſous le Marêchal

de *Turenne*. Il tomba dangereusement
malade & n'étoit encore que Convales-
cent lors qu'au commencement de la
1673. campagne il joignit l'Armée du Roy à
Courtray & qu'il alla ensuite au siége
de *Mastricht*. A l'attaque de la Contr'es-
carpe, il fut blessé d'un Pot à feu qui
lui laissa sur le visage pour toute sa vie
une impression d'un rouge vif.

Dans les campagnes de 1673. &
1674. 1674. il servit aux siéges de *Treves*, de
Besançon, de *Dole*, où le Régiment
Dauphin fit des actions si brillantes
qu'à la fin du siége de *Dole* le Roy se
fit donner par écrit le nom de tous les
Officiers de ce Regiment, & leur envoya
faire des remercimens. Le Comte de
Verteillac sçut se faire remarquer, même au milieu d'une Troupe qui se dis-
tinguoit si fort. Il fut blessé au siége de
Dole en trois diverses occasions, le Roy
lui fit donner trois gratifications, dans
un tems où l'usage étoit de n'en donner qu'une, même pour plusieurs bles-
sures.

Il fut quelque tems malade & servit
1675. cependant en 1675. aux siéges de *Di-
nan*, *d'Huy* & de *Limbourg*.

L'année suivante il eut la survivance
1675. de la Charge du Marquis *d'Atis* son

proche parent & du même nom que
lui, * c'étoit celle de Capitaine Lieute- 1676.
nant des cent Suisses de la Garde. On
ne la lui accorda qu'à condition que
son service militaire n'en seroit point
interrompû.

Les cent Suisses ne vont à l'Armée que quand le Roy la commande.

Il servit cette même année aux siéges
de *Condé*, de *Bouchain* & d'*Aire*, fut
ensuite de l'Armée que le Marêchal de
Schomberg conduisit au secours de *Mastricht*, & sur la fin de la campagne il fut
fait Major du Regiment Dauphin: L'année suivante, il fut de l'Armée qui
prit *Valenciennes* & *Cambray*, & servit
de Major de Brigade.

En 1678. il se trouva aux siéges de
Gand & d'*Ipres*, & à la Bataille de St. 1678.
Denis où il fut blessé de deux coups de
Mousquet.

Il servit en 1679. dans l'Armée du 1679.
Marêchal de *Crequy*. En 1680. il eut
l'agrément d'achêter un Régiment.
Mais sur ces entrefaites étant devenu
Lieutenant Colonel du Regiment Dau- 1680.

* *Il étoit Frere de la Comtesse de Salagnac Rochefort, qui étant Veuve sans Enfans, fonda au Bourg de Verteillac en Perigord un Monastére de Religieux de Ste. Croix. Son Pere étoit Gouverneur de Saumur & avoit eû divers commandemens en Guyenne.*

phin, tous ses amis lui conseillerent de ne point sortir d'un Corps que le Roy honnoroit d'une faveur singuliere & où il avoit un Grade qui le conduisoit à devenir Officier Général de même que le rang de Colonel. Il suivit d'autant plus volontiers cet avis, que tout l'honneur du Commandement rouloit sur lui : Le Marquis d'*Huxelles* Colonel de Dauphin étant occupé ailleurs par les ordres du Roy. Ces mêmes motifs lui firent depuis refuser un Regiment qui lui fut offert à la création de ceux de *Luxembourg*, il y eut 7. Capitaines de Dauphin qui en obtinrent.

Le Comte de *Verteillac* servit ensuite aux siéges de *Courtray*, de *Dixmude*, & de *Luxembourg*, & fut de l'Armée que le Marêchal de *Crequy* mena contre l'Electeur de *Brandebourg* pour la restitution de la *Pomeranie*.

A la paix le Régiment Dauphin fut envoyé aux travaux de la Riviere *d'Eure*, le Roy en fit la revûë aux environs de Versailles, il le trouva très beau, mais il parût mécontent d'y voir un Officier qui n'étoit encore qu'un enfant. Le Comte de *Verteillac* dit, que c'étoit son Neveu : * Je suis persuadé,

Nommez les travaux de Maintenon.

* *La Garde de Saigne nommé Mirabelle*

répondit le Roy (avec un visage d'où le mecontentement avoit disparu) que le soin que vous prendrez de le former reparera bien-tôt ce qui lui manque d'âge.

Le Roy lui donna vers ce tems là 1686. une pension de 1500. liv. en Fevrier 1686. il fut fait Brigadier & employé ensuite dans les Camps qui se firent aux environs de *Versailles* jusqu'en l'année 1688. au mois de Septembre de cette même année là, *Monseigneur* le demanda pour Major Général de l'Armée qu'il devoit commander en Allemagne, & ce fut en cette qualité qu'il servit au siége de *Philisbourg*, de *Frankendal* & de *Manheim*. L'activité & l'étendüë de son genie & tous ses talens pour la guerre se developerent avec tant de distinction dans les operations de cette campagne, que *Monseigneur* lui dit en partant de l'Armée, qu'il étoit faché de n'avoir pas son portrait à lui donner, il le pria de porter pour l'amour de lui un diamant dont il lui fit present, & l'assura qu'il rendroit compte au Roy de ses services. En effet, à peine *Monseigneur* fut il arrivé à la Cour, que le Comte de *Verteillac* aprit que le Roy lui avoit donné une nouvelle pension de 3000. liv.

Quelque tems après il fut fait Inspecteur Général de l'Infanterie dans la *Basse Alsace*, le *Palatinat* & les Pays conquis par de là le Rhin, & reçût une gratification de 300. loüis.

Le 16. Janvier. 1689. Il arrivoit à *Heidelbourg* le jour qu'on y aprit que deux Compagnies de Dragons de *Grammont* & trois du Regiment de la Reine Infanterie assiegées dans la Ville de *Berbac* sur le Nekre étoient sans pain, & sans munition de guerre, & qu'on n'avoit pû ni les secourir, ni les sauver. Mr. le Comte de *Tessé* à la tête de 500. Chevaux, & Mrs. de la *Lande*, & de *Grammont*, Colonels de Dragons à la téte de 1200. Hommes Dragons & Infanterie, avoient entrepris de leur porter du secours: Ils étoient revenus sur leurs pas n'ayant pû se faire un passage à travers les Montagnes couvertes de Paysans armez, apellez *Chénapans*. Le Comte de *Verteillac* & Mr. de *Melac* offrirent de faire une nouvelle tentative, & de partir le lendemain à la pointe du jour, ils ne prirent avec eux que 500. Fantassins, & 60. Dragons. Ils marcherent par des sentiers presque inaccessibles, & firent voir combien il est utile aux Officiers de s'apliquer à la connoissance du Pays, ils laisserent sur la route 200. Hommes en trois postes differens pour assurer leur retraite; ils passerent par deux Quartiers que les Ennemis avoient abandonnez à leur aproche, arriverent vers la minuit à *Berbac*, passerent le *Nekre* dans le Bac des Assiégez, entrerent dans la Ville d'où ils retirerent la Garnison, leur firent repasser le *Nekre* dans le même Bac où ils l'avoient passé, le tout avec tant de diligence que les Ennemis qui étoient logez auprès du Corps de la place ne s'en aperçurent point, & ils rentrerent le lendemain à *Heidelbourg* avec tout ce qu'ils en avoient emmené d'Hommes & tout ce qu'ils en avoient trouvé dans *Berbac*. Combien l'histoire neglige t'elle de ces operations militaires peu considerables par leur objet, & qui ont peut-être été conduites avec plus d'habileté & de courage que les expéditions d'un plus grand éclat.

En 1689. le Ennemis se disposerent au commencement de la campagne à faire le siége de *Mayence*, le Comte de *Verteillac* eut ordre de s'y jetter; le Marquis *d'Huxelles* étoit chargé du commandement, M. de *Choisy* comme Gou-

verneur & Marêchal de Camp & le Comte qe *Verteillac* comme le plus ancien Brigadier devoient commander immediatement après lui. Le Duc de *Lorraine* accompagné de l'Electeur de *Baviére*, de l'Electeur de *Saxe* & de plusieurs autres Princes à la tête d'une Armée de 60. mille Hommes en forma le siege avec cent piéces de canon. La place étoit fort mauvaise. Cependant cette Armée si puissante commandée par l'un des plus grands Généraux de l'Eu-
1689. rope, après 49. jours de tranchée ouverte, n'avoit pas encore pû s'emparer du chemin couvert; mais avant de l'avoir perdu, on fut obligé de capituler parce qu'on manquoit de poudre. L'Ennemi accorda la capitulation telle qu'on la voulut; le Comte de *Verteillac* eut beaucoup de part à l'honneur d'une si vigoureuse résistance. Son activité & sa valeur le portoient par tout, il n'y a point de rélation de ce siége qui n'en fasse foy. Le Prince de *Lorraine* qui savoit distinguer le mérite & l'honnorer jusques dans ses Ennemis, voulut quand la Garnison Françoise sortit, parler au Comte de *Verteillac*, il l'embrassa plusieurs fois, le combla d'éloges, & lui
1689. donna toutes les marques de l'estime

la plus flatteuſe. La gloire de cette belle défenſe a été obcurcie pendant quelque tems, parce que le Marquis *d'Huxelles* qui vouloit aſſûrer ſa fortune, en dût il coûter à ſa réputation, aima mieux ſoûtenir en ſilence le reproche d'avoir été trop promt à ſe rendre que d'accuſer M. de *Louvois* de l'avoir laiſſé manquer de poudre.

Après la réduction de *Mayence*, le Comte de *Verteillac* joignit l'Armée de M. de *Duras* près de *Landau*; de-là il fut envoyé commander à *Neuſtat*.

Les divers commandemens, dont il fut chargé, l'empêchant de pouvoir remplir les fonctions de Lieutenant Colonel du Régiment Dauphin, il jugea n'en devoir plus conſerver l'employ ni joüir de trois cent loüis d'apointement qu'il lui raportoit; ſon déſintéreſſement alloit en toute occaſion juſques au ſcrupule. Il renvoya ſa commiſſion au Marquis *d'Huxelles*, la Cour ne l'a voulut pas recevoir, il eut ordre d'aller au *Montroyal* ſervir en qualité de Brigadier d'Inſpecteur Général d'Infanterie & des travaux ſous M. le Comte de *Montal* Lieutenant-Général.

Monſeigneur avoit été trop content des ſervices du Comte de *Verteillac* en

1688. pour ne pas vouloir qu'il fut encore Major Général de son Armée en 1690. Il lui fit donner à la fin de la campagne une gratification de 400. loüis.

Pendant l'hyver le Comte de *Verteillac* fut envoyé commander à *Ypres* & dans toute l'étenduë du Pays situé entre le *Lys* & la Mer ; ce commandement n'avoit encore été donné qu'à des Lieutenans Généraux & renfermoit 7. ou 8. places assez mal fortifiées, c'étoit l'endroit foible par où l'on craignoit que l'Ennemi n'entamât nos frontiéres. Le Comte de *Verteillac* non seulement les garantit, mais étendit même nos contributions fort loin.

Mrs. de Vauban, Montbrun, Maulevrier Lieutenans Généraux l'avoient auparavant & même moins étendu.

Il eut ordre en *1691*. de venir servir au siége de *Mons* que le Roy prit en personne. Le Gouvernement en fut brigué par tous les Officiers Généraux qui se crurent assez de faveur pour l'obtenir, des Marêchaux de France même le demanderent ; cette Ville devenoit la plus importante de nos places de guerre, on se préparoit à y mettre une Garnison de dix mille Hommes d'Infanterie & de quatre mille de Cavalerie, le Gouvernement du *Haynaut* y
1691. étoit attaché avec plus de 40. mille li-

vres de rente. Le Comte de *Verteillac* n'étoit encore que Brigadier. Quelle fut sa surprise quand le Roy lui dit, qu'il le nommoit Gouverneur de *Mons*, & du *Haynaut*? Le Roy ne fut guéres moins surpris quand il trouva le Comte de *Verteillac* plus sensible au chagrin de se voir à son âge renfermé dans une place, que flaté de la grace qu'il lui faisoit en lui confiant un Gouvernement de cette consequence. S. M. ne lui sçut pas mauvais gré de penser ainsi: Elle eut même la bonté de trouver un expédient pour concilier la grace qu'elle lui faisoit avec les services qu'il avoit envie de lui rendre: Ce fut de lui promettre de l'employer dans les Armées toutes les fois que sa présence ne seroit pas nécessaire à Mons.

Peu de tems aprés le Comte de *Verteillac* fut Marêchal de Camp, & conformement à la promesse que le Roy avoit bien voulu lui faire, il reçut ordre de servir en cette nouvelle qualité au siége de *Furnes* sous M. de *Boufflers* qui l'avoit demandé. Il y porta cette activité ardente & ingénieuse qui l'accompagnoit par tout, & qui hâte si fort le succès des entreprises les plus dificiles. Il contribua beaucoup à la reprise de cette place. Le marquis de *Ximenes* Lieutenant-Général avoit eu ordre de venir commander à *Mons* en l'absence du Comte de *Verteillac*, & il en sortit dès-que M. de *Verteillac* y entra.

Le Roy en 1691. ouvrit la campagne plûtôt par des Fêtes galantes que par un apareil de guerre. Les Princesses & toutes les Dames de la Cour étoient à Mons. Deux Armées campoient aux environs & ne sembloient être destinées qu'à offrir des spectacles aux Dames. Le Comte de *Verteillac* qui avoit toûjours fait une grande dépense, l'augmenta si considérablement en cette occasion, qu'il justifia ce que disoit un Général Romain, qu'*un Homme destiné au grand par la nature sait être aussi magnifique que brave.*

Paul Emile dans Plutarque.

A la fin de cette campagne, S. M. crea des Charges de Lieutenans de Roy dans les Provinces. Le Comte de *Verteillac* eut celle du Périgord.

1692.

Enfin, le Comte de *Verteillac* touchoit au jour le plus glorieux de sa vie & celui qui devoit la terminer. J'en emprunteray le recit de M. de *Quincy* Lieutenant Général d'Artillerie.

» Le Marêchal de *Luxembourg* qui

« commandoit l'Armée de France méditoit des entreprises importantes » & se trouvoit » hors d'état de les éxécuter, parce que son Camp souffroit depuis long-tems une extrême disette de vivres & d'argent. Il avoit à Mons un convoy de sept cent charriots de bled, & de deux charettes d'argent, mais la difficulté étoit de le faire passer à la vûë de la Garnison considérable que l'Ennemi avoit dans Charleroy. Le prince d'Orange l'ayant affoiblie par plusieurs détâchemens, le Maréchal de Luxembourg voulut profiter de cette conjoncture, & ne soubçonnant point d'artifice dans la conduite du Général ennemi, il manda au Comte de Verteillac qu'il s'agissoit du salut de l'Armée, qu'il ne croyoit le convoy en sûreté qu'entre ses mains, & quoique le Roy lui eut défendu depuis quelque tems de découcher de sa place, qu'il prenoit sur lui la désobéissance; cette Lettre étoit accompagnée d'un ordre de remettre le Convoy au Comte de Guiscard, Lieutenant Général & Gouverneur de Namur, qui devoit le recevoir à Beaumont, & de rester auprès de lui avec toutes ses Troupes, si Mr. de Guiscard

Histoire Militaire de Louis XIV. par M de Quincy Lieutenant Général d'Artillerie, 7. Volume in quartò à Paris 1725.

« le trouvoit néceſſaire. Le Comte de
« Verteillac ſortit de Mons la nuit du
« 2. Juillet avec 600. Chevaux, & un
« gros Corps d'Infanterie, il conduiſit
« le convòy juſqu'à Beaumont, & le
« remit au Comte de Guiſcard, qui
« l'y attendoit avec le Regiment de
« Raſſant Cavalerie, ceux de Dragons
« de Bretoncelle, & de Breteüil, la
« compagnie franche des Dragons de
« Rodrigues, Del Frante Italien, un
« Bataillon de Bourbon commandé par
« le Marquis de Vieux Pont; un Ba-
« taillon Suiſſe que commandoit Mr.
« de Belleroche, & un détáchément
« de la Mark. On fit parquer les Cha-
« riots, & le Comte de Verteillac ayant
« fait rafraichir ſes Troupes, reprit
« avec inquiétude le chemin de Mons,
« parce qu'on avoit lieu de croire que
« l'Ennemi y vouloit pénetrer. Il étoit
« déja aux Portes de Mons, lorſqu'il
« reçût un Courier du Comte de Guiſ-
« card, qui le prioit de revenir au plû-
« tôt ſur ſes pas, parce que le Baron
« *Dupuy* Général Hollandois marchoit
« à lui. Le Comte de Verteillac laiſſa
« à Mons ſon Infanterie, qui ne pou-
« voit pas fournir à une marche ſi vi-
« ve, & il arriva à Beaumont vers la
minuit,

minuit, avec les Régimens de Lagny, & Davaray Cavalerie, on fit déployer le convoy avant la pointe du jour; quand on eut paſſé le defilé de St. Lenrieux, les Ennemis parurent ſur la hauteur, & ſe mirent en Bataille, il y avoit 19. Eſcadrons de Cavalerie, un détâchément de Cuiraſſiers de l'Electeur de Baviere, une Terce Eſpagnole, commandée par Mr. de *Pinaiente*, beaucoup d'Infanterie & tous les Volontaires de Charleroy gens très-aguerris. Le Prince d'Orange qui avoit compris de quelle utilité il ſeroit pour lui d'enlever le Convoy qui étoit à Mons, avoit fait la feinte d'affoiblir la Garniſon de Charleroy, ſe doutant bien que le Maréchal de Luxembourg ſaiſiroit ce moment pour le faire paſſer, & il avoit donné au Baron Dupuy Homme d'une grande experience, l'élite de ſes Troupes pour l'enlever dans le paſſage. Cependant le Comte de Guiſcard croyoit pouvoir éviter le combat, mais le Comte de Verteillac jugea que les Ennemis ne s'étoient pas avancez avec tant de force, & mis en ordre de Bataille pour ne rien entreprendre, il opina pour commen-

« cer l'attaque quoique fort inferieur
« en nombre, plû tôt que de se laisser
« attaquer avec désavantage; on forma
« deux lignes, la premiere composée
« de 4. Escadrons de Rassant, du Regi-
« ment de Breteüil, & de celui de Da-
« varay, faisant en tout 9. Escadrons,
« Mr. de Lagny étoit en 2. ligne avec
« deux Escadrons de son Regiment, &
« deux de Bretoncelle. L'Ennemi oc-
« cupoit le même front que les Fran-
« çois, & avoit disposé ses Troupes
« sur trois lignes. Le Comte de Ver-
« teillac voyant qu'il n'y avoit que par
« un effort extraordinaire de valeur,
« qu'on pût supléer à l'inegalité du
« nombre, décida qu'il falloit essuyer
« la premiere décharge de l'Ennemi,
« & aussi-tôt marcher à lui l'épée à la
« main. Ce qui fut éxécuté si heureu-
« sement & avec tant de bravoure,
« que la 2. & la 3. ligne des Ennemis
« furent enfoncées, menées battant
« plus d'une grande lieüe, sans qu'on
« eut besoin des Troupes de nôtre 2.
« ligne Une partie de l'Infanterie En-
« nemie qui étoit dans le Village de
« Bossu voyant toute la Cavalerie bat-
« tuë prit le parti d'en sortir. Elle tra-
« versa la petite plaine en très-bon or-

Cette même année les Compagnies avoient été mises à 50. Maîtres, ce qui faisoit que les Regimens étoient de 4. Escadrons.

dre & se retira par le même bois par « lequel elle avoit debouché sans qu'on « put l'entamer. Pour la Cavalerie en- « nemie elle fut très-maltraitée, il en « resta 800. Hommes sur la place, on « fit 200. Prisonniers, le reste se reti- « ra avec une extrême diligence à Char- « leroy. Cette action acquit beaucoup « de reputation aux Troupes qui s'y « trouverent. Tous les Officiers y mar- « querent une extrême valeur, sur tout « le Comte de Verteillac qui y perdit « la vie, après avoir donné des preu- « ves d'un courage, & d'une conduite « digne des plus grands éloges. Il avoit « été blessé considerablement à la Han- « che au commencement du combat, « & il ne voulut jamais se retirer qu'il « ne vit le Convoi en sureté. Il reçût « dans la derniere décharge des Fuyards « un coup à la temple dont il mourût « sur le champ; le lendemain le Con- « voi arriva à Namur, & mit le Marê- « chal de Luxembourg en état d'agir « offensivement le reste de la campag- « ne, de donner la Bataille de Ner « vinde, & de prendre Charleroy. «

Bataille de Nervinde

Le Corps du Comte de *Verteillac* fut raporté à *Mons*, & enterré dans l'Eglise des Jesuites avec une pompe

le 20. Juillet 1693.

militaire, moins honnorable pour lui que les regrets marquez sur tous les visages. Le Recteur des Jesuistes prononcea son Oraison funebre, & on lui érigea un Mausolée de Marbre où se voit son Epitaphe.

Le Comte de *Verteillac* touchant aux plus grands honneurs de la guerre, aimé & estimé de son Maître, perit ainsi à la fleur de son âge, dans une action importante par ses suites, dont le succès lui étoit dû, & où il avoit déployé tout ce que les vertus militaires ont de plus brillant.

Il s'étoit trouvé à 10. Batailles, & à 27. siéges, il se distingua toûjours par sa valeur, par une activité infatigable dans le service, par une attention à faire observer exactement la discipline, par le talent de sçavoir prendre son party, & de conserver la présence d'esprit au fort de l'action.

Le Comte de *Verteillac* possedoit si éminemment toutes ces qualitez, que le Roy dit après sa mort à Mamade de *Verteillac*, qu'il avoit perdu dans le Comte de *Verteillac* le meilleur Officier d'Infanterie qu'il eut eû depuis le Maréchal de *Turenne* Un éloge si flateur auroit été suspect d'éxageration dans toute autre bouche que dans celle de Loüis XIV.

Pendant tout le tems qu'il a été Gouverneur de *Mons*, il n'a pas passé six nuits entieres dans son Lit, on lui a reproché un peu trop d'inquiétude, mais il se trouvoit chargé de la garde d'une place qui étoit l'objet de la jalousie de tous les Ennemis du Roy, sur laquelle on formoit tous les jours de nouvelles entreprises, & qui étoit peuplée d'Habitans entiérement devoüez à l'Espagne. Il étoit d'ailleurs pénétré d'une maxime qu'il repetoit souvent : C'est qu'on s'expose à manquer des précautions nécessaires, lorsqu'on n'en à pas quelque fois d'inutiles.

Cette valeur si brillante, cette vigilance si active, décelent d'ordinaire une vive ambition, passion imperieuse qui s'associé les vices & les vertus, & qui quelque fois les maîtrisse.

Le Comte de *Verteillac* sembloit ignorer l'usage de tous les plaisirs, rien ne paroissoit avoir d'agrément pour lui, que ce qui pouvoit l'aider à meriter les honneurs militaires. Ses momens même de loisir il les consacroit à la guerre, il étoit parfaitement instruit de l'Histoire de tous les plus grands Capitaines, de leurs vertus, de leurs exploits, de leurs fautes même plus instructives que leurs succès.

Cet Homme si livré à l'ambition étoit encore plus Homme d'honneur qu'ambitieux. Les instances de sa Famille lui firent prendre en 1685 la résolution de se marier; il trouva dans Mademoiselle de *St. Gilles*, ce qu'il pouvoit desirer pour un établissement, du merite, de l'esprit, de la noblesse, des alliances, * elle a eu un bien § considerable; des raisons de convenance avoient plus de part à cet engagement que l'amour; quand les paroles d'honneur eurent été réciproquement données, le Comte de *Verteillac* en alla faire part à Mr. de *Louvois*. Ce Ministre craignit que le mariage ne rallentit l'activité d'un Officier qu'il croyoit si utile au service du Roy; il y marqua une très-forte opposition. Le Comte de

* *Parente des Maisons de Bethune Charost, Bellefonds, Foucquet, Pontchartrain, Maupeou, Novion, Mailly Fecan, Sillerry, Diane de Cheiladet, Choüart de Busenval, Miron, le Picart, Vareine, d'Amours.*

§ *Dame de St. Gilles Port de Mer en bas Poitou.*

Verteillac sentit combien sa resistance à un Ministre si imperieux pouvoit lui faire tort : Il lui declara cependant qu'il manqueroit plû-tôt à sa fortune qu'à sa parole. Mr. de *Louvois* renouvella inutilement ses instances. Enfin il se restreignit à tirer promesse de lui qu'il n'en serviroit pas le Roy avec moins d'ardeur qu'avant son mariage, & il jugea que la fidelité que le Comte de *Verteillac* marquoit à ses engagemens étoit un bon garant de l'exactitude avec laquelle il rempliroit celui qu'il prenoit avec lui.

Son humanité étoit égale à sa probité. Après la Bataille de *Steinkerk* on mit dans *Mons* 700. Officiers blessez, il ne se passa aucun jour que le Comte de *Verteillac* ne les visitat tous, & il fit une depense considerable pour leur procurer toute sorte de secours. Il fut à sa mort regreté dans son Gouvernement comme le Pere commun du Soldat, & du Peuple, il avoit sçû se faire aimer du Soldat & le contenir dans le devoir, proteger un Peuple, secretement attaché à l'Espagne, & s'en faire craindre.

Jamais personne n'a porté plus loin que lui le desinteressement, joüissant de plus de 50. mille livres de rentes des bien-faits du Roy, Gouverneur d'une Province nouvellement conquiſe, il eſt mort moins riche qu'il n'étoit né.

S'il reçût des biens du Roy, il les conſacra au ſervice de ce Prince. Les vertus qui forcent à l'eſtime ne ſont pas toûjours unies à celles qui concilient l'amitié. Le Comte de *Verteillac* les raſſembloit toutes, & comme il n'y avoit point de Général qui ne ſouhaitât de l'avoir pour ſecond, il n'y avoit point de particulier qui ne ſouhaitât de l'avoir pour ami.

Peu attentif à conſerver pour lui ſon crédit, il ſembloit vouloir l'épuiſer pour tous les Hommes de mérite qui en avoient beſoin; pluſieurs Soldats de fortune lui ont dû leur élevation.

Ami ſolide, bon Mari, bon Parent, bon Maître, il a toûjours été fidele à ces devoirs qui ſont comme la Pierre de touche de l'honnête Homme par le peu d'intérêt que la vanité y prend.

Sa vivacité naturelle étoit extrême, on ne s'en apercevoit guéres dans l'interieur de ſa Famille que par les efforts qu'il faiſoit pour la contenir; il a même toûjours maîtriſé ſon humeur &

meſuré

mesuré ses discours au point qu'il ne s'est jamais battu en combat singulier, merite rare pour ces tems là dans un Homme d'une vivacité aussi grande, & d'une valeur aussi decidée.

Le comble de la vertu est de meriter la loüange & de ne l'a point desirer. Cette grandeur d'ame n'a jamais été en un dégré plus élevé que dans le Comte de *Verteillac*; on a de lui quelques mémoires * de ses campagnes, il ne s'y étend que sur le merite de ceux avec qui il a servi, prodigue de loüanges à leur égard, il semble être injuste au sien, à peine croiroit-on qu'il eut été présent à des actions, où l'Histoire lui donne une part considérable.

Il avoit l'esprit infiniment vif, & penetrant, aussi capable de former des desseins que de combiner les détails qui peuvent en faciliter l'éxecution, & en assurer le succès, il pensoit finement, & s'exprimoit avec grace, les Mémoires qu'il a laissez quelqu'abrégez qu'ils soyent, sont écrits d'un stile concis, clair, & noble & justifient qu'il étoit né aussi capable d'écrire des choses qui

* *On les eut donné s'ils eussent été suivis, mais il s'y trouve quantité de lacunes.*

meritassent d'être lûës, que d'en faire qui meritassent d'être écrites.

Son temperament étoit robuste & propre à seconder son activité, & son ardeur dans le metier des Armes : Il portoit dans les yeux & sur le visage ces lettres de recommandation que la nature ne refuse gueres à ceux dont elle a avantagé l'esprit & le cœur.

Parens des Maisons Daidie de St. Laurent de Crevant Cingé; Verteillac de Salagnac, laCoste, Daubusson Beauregard, St. Astier, Sazolle, Fort de Marquessac la Garde de Saigne St. Angel, Calvimont, la Geard de Cherval, Poilvilain de Crenay, Goulard de la Faye.

Ses Freres & ses Sœurs par les alliances qu'ils prirent, augmenterent le nombre de celles qu'ils avoient déja avec la plus ancienne noblesse du Perigord. Tous ont laissé postérité.

Sa Veuve a épousé en secondes noces le Comte *d'Hautefort* de *Boscin*, Lieutenant Général des Armées du Roy, Gouverneur de *St. Malo*. De plusieurs Enfans qu'à eu le Comte de *Verteillac* il n'est resté qu'une Fille mariée à son Cousin germain, le Comte de *Verteillac*, Gouverneur & Sénéchal de Perigord.

Epitaphe qui est dans l'Eglise des Jesuites de Mons.

ICI REPOSE LE CORPS DE HAUT ET PUISSANT SEIGNEUR MESSIRE NICOLAS DE LA BROUSSE CHEVALIER, COMTE DE VERTEILLAC, MARECHAL DES CAMPS ET ARME'ES DU ROY, LIEUTENANT DANS SA PROVINCE DE PERIGORD ET GOUVERNEUR DE MONS, LEQUEL APRES AVOIR MIS EN FUITE LES ENNEMIS A LA JOURNE'E DE BOSSU SOUS VALCOURT, Y FUT FRAPE' DE PLUSIEURS COUPS MORTELS, LE 4. DE JUILLET 1695. AGE' DE 45. ANS. PRIEZ DIEU POUR LUI.

La Franche-Comté, la Lorraine, la Hollande, l'Allemagne, & la Flandre, ont été depuis l'âge de 14. ans, le Théatre de ses vertus guerrieres, où il s'est trouvé à vingt-sept siéges, & dix Batailles, son dévoüément perpetuel au service du Roy, sa fidelité pour ses amis, sa charité pour les pauvres, son respect pour la Religion, sa pieté, sa foy, & toutes ses autres vertus morales, & chrêtiennes, ont couronné sa valeur, & laissé un regret universel de sa perte.

www.ingramcontent.com/pod-product-compliance
Ingram Content Group UK Ltd.
Pitfield, Milton Keynes, MK11 3LW, UK
UKHW022205190726
13855UKWH00004B/1630

9 782013 058094